Impressum
Verlag: BABADADA GmbH, Nedderfeld 112 , 22529 Hamburg
Geschäftsführer / Verlagsleitung: Harald Hof
Druck: Books on Demand GmbH, In de Tarpen 42, 22848 Norderstedt

Imprint
Publisher: BABADADA GmbH, Nedderfeld 112 , 22529 Hamburg, Germany
Managing Director / Publishing direction: Harald Hof
Print: Books on Demand GmbH, In de Tarpen 42, 22848 Norderstedt

escola

école

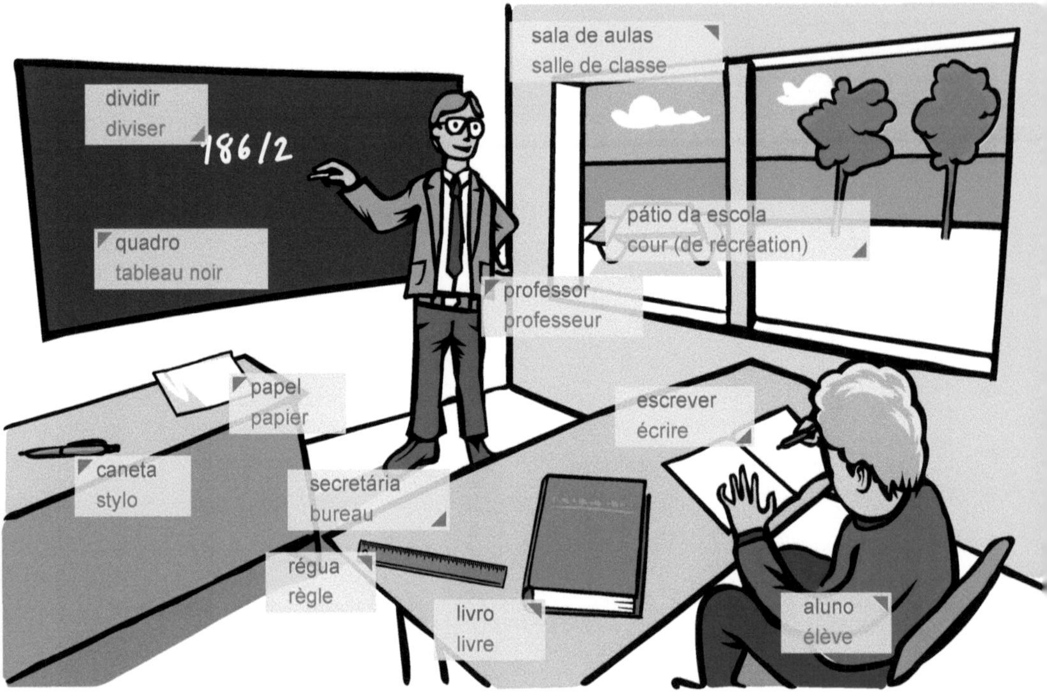

sala de aulas
salle de classe
dividir
diviser
186/2
quadro
tableau noir
pátio da escola
cour (de récréation)
professor
professeur
papel
papier
escrever
écrire
caneta
stylo
secretária
bureau
régua
règle
livro
livre
aluno
élève

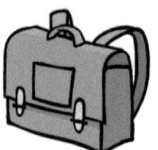

mochila
cartable

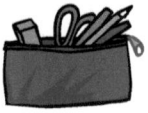

estojo de lápis
trousse

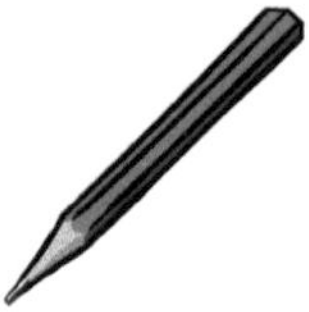

lápis
crayon

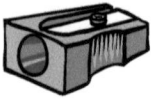

afia-lápis
taille-crayon

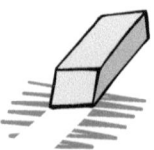

borracha
gomme

bloco de desenho
carnet à dessin

desenho
dessin

pincel
pinceau

caixa de tintas
boîte de peinture

tesoura
ciseaux

cola
colle

livro de exercícios
cahier d'exercices

trabalhos de casa
devoirs

número
chiffre

somar
additionner

subtrair
soustraire

multiplicar
multiplier

calcular
calculer

letra
lettre

alfabeto
alphabet

palavra
mot

texto
texte

ler
lire

giz
craie

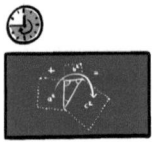

hora
leçon

registo de presenças
livre de classe

exame
examen

certificado
certificat

uniforme escolar
uniforme scolaire

educação
formation

enciclopédia
lexique

universidade
université

microscópio
microscope

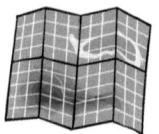

mapa
carte

cesto de lixo
corbeille à papier

viagem
voyage

hotel
hôtel
Grand
hostel
auberge
ROOMS
casa de câmbio
bureau de change
CHANGE
mala
valise
carro
voiture

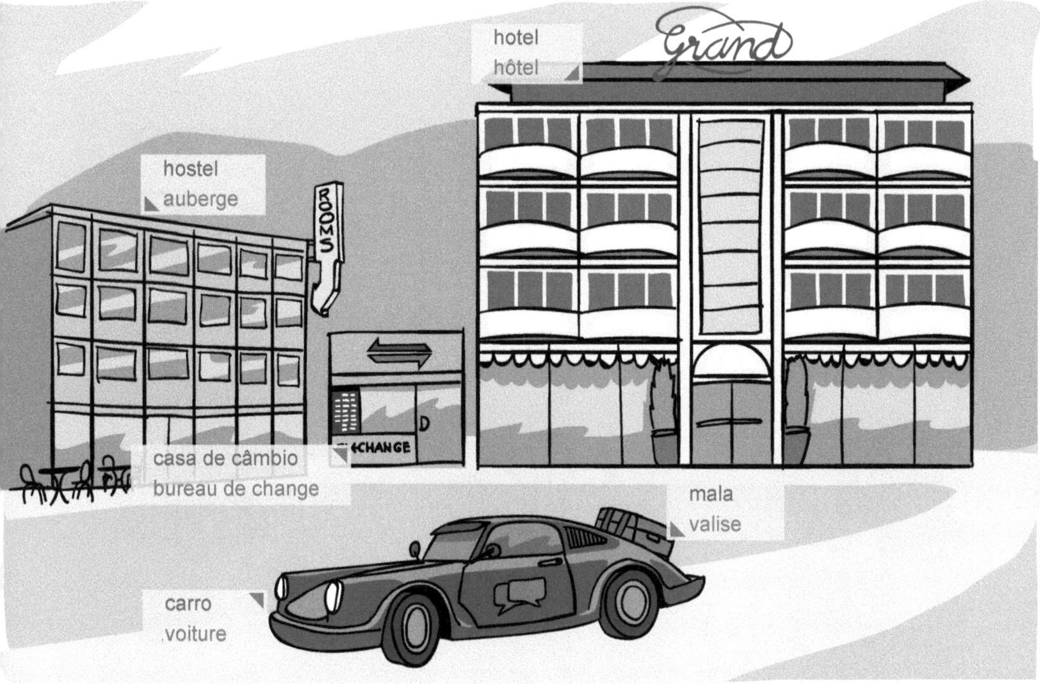

idioma

langue

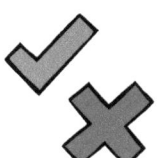

sim / não

oui / non

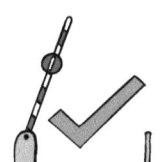

ok / certo / correto

d'accord

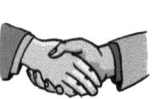

olá

Salut

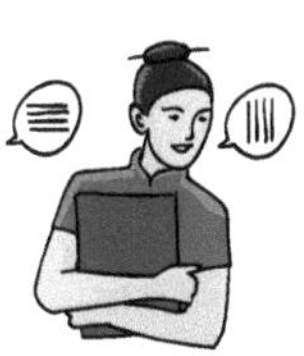

intérprete

interprète

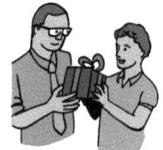

obrigado

merci

quanto é que custa... ?

Combien coûte...?

não entendo

Je ne comprends pas

problema

problème

boa noite!

Bonsoir !

Bom dia!

Bonjour !

Boa noite!

Bonne nuit !

adeus

Au revoir

direção

direction

bagagem

bagages

saco

sac

mochila

sac-à-dos

convidado

hôte

quarto

pièce

saco-cama

sac de couchage

tenda

tente

informação turística

office de tourisme

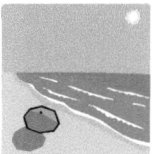

praia

plage

cartão de crédito

carte de crédit

pequeno-almoço

petit-déjeuner

almoço

déjeuner

jantar

dîner

bilhete

billet

elevador

ascenseur

selo postal

timbre

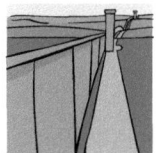

fronteira

frontière

alfândega

douane

embaixada

ambassade

visto

visa

passaporte

passeport

transporte
transport

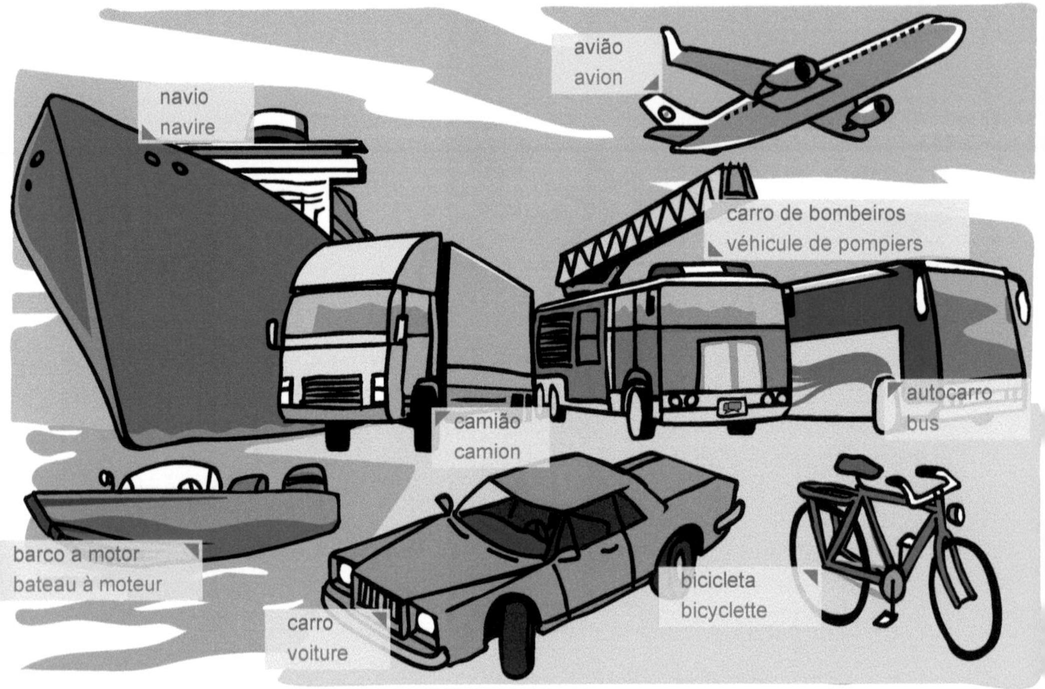

avião
avion
navio
navire
carro de bombeiros
véhicule de pompiers
autocarro
bus
camião
camion
barco a motor
bateau à moteur
bicicleta
bicyclette
carro
voiture

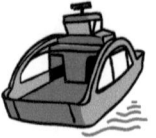

cacilheiro
ferry

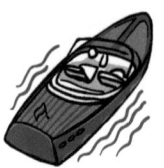

barco
barque

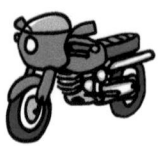

mota
moto

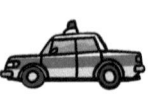

carro de polícia
voiture de police

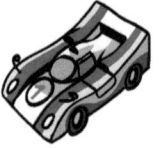

carro de corrida
voiture de course

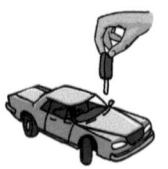

carro alugado
voiture de location

carsharing
......
auto-partage

camião de reboque
......
voiture de remorquage

camião do lixo
......
benne à ordures

motor
......
moteur

combustível
......
essence

estação de serviço
......
station d'essence

sinal de trânsito
......
panneau indicateur

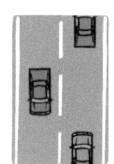

trânsito
......
trafic

congestionamento de trânsito
......
embouteillage

parque de estacionamento
......
parking

estação ferroviária
......
gare

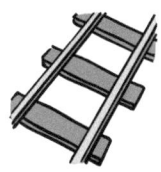

carris
......
rails

comboio
......
train

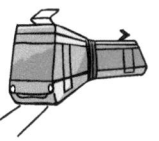

elétrico
......
tramway

carruagem
......
wagon

helicóptero

hélicoptère

aeroporto

aéroport

torre

tour

passageiro

passager

contentor

conteneur

caixa de papelão

carton

carrinho

chariot

cesto

corbeille

levantar voo / aterrar

décoller / atterrir

cidade

ville

aldeia

village

centro da cidade

centre-ville

casa

maison

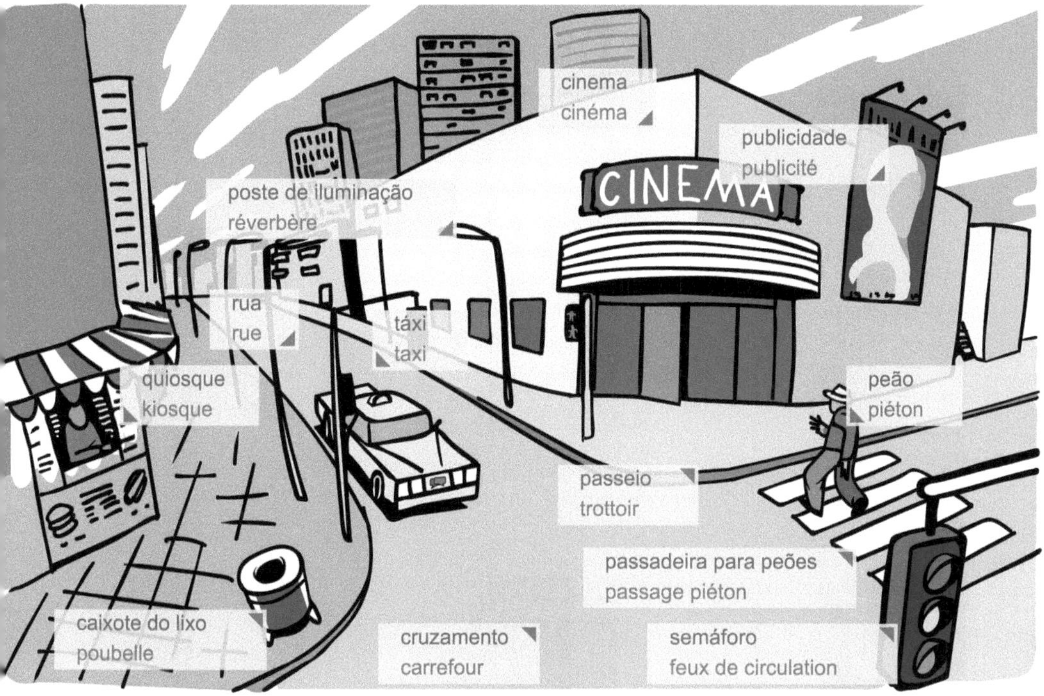

cinema
cinéma

publicidade
publicité

poste de iluminação
réverbère

CINEMA

rua
rue

táxi
taxi

peão
piéton

quiosque
kiosque

passeio
trottoir

passadeira para peões
passage piéton

caixote do lixo
poubelle

cruzamento
carrefour

semáforo
feux de circulation

cabana
....
cabane

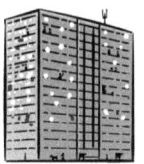

apartamento
....
appartement

estação ferroviária
....
gare

câmara municipal
....
mairie

museu
....
musée

escola
....
école

universidade

université

banco

banque

hospital

hôpital

hotel

hôtel

farmácia

pharmacie

escritório

bureau

livraria

librairie

loja

magasin

florista

fleuriste

supermercado

supermarché

mercado

marché

loja de departamentos

grand magasin

peixaria

poissonnerie

centro comercial

centre commercial

porto

port

parque
parc

banco
banque

ponte
pont

escadas
escaliers

metro
métro

túnel
tunnel

paragem de autocarro
arrêt de bus

bar
bar

restaurante
restaurant

caixa de correio
boîte à lettres

sinal de trânsito
panneau indicateur

parquímetro
parcmètre

jardim zoológico
zoo

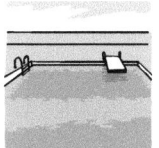

piscina
piscine

mesquita
mosquée

quinta
ferme

poluição
pollution

cemitério
cimetière

igreja
église

parque infantil
aire de jeux

templo
temple

paisagem
paysage

folha
feuille

placa de sinalização
panneau indicateur

caminho
chemin

prado
pré

pedra
pierre

árvore
arbre

caminhantes
randonneur

rio
rivière

relva
herbe

flor
fleur

vale
vallée

montanha
montagne

lago
lac

floresta
forêt

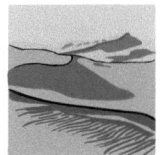

deserto
désert

vulcão
volcan

castelo
château

arco-íris
arc-en-ciel

cogumelo
champignon

palma
palmier

mosquito
moustique

mosca
mouche

formiga
fourmis

abelha
abeille

aranha
araignée

besouro

coléoptère

sapo

grenouille

esquilo

écureuil

ouriço

hérisson

lebre

lièvre

coruja

chouette

pássaro

oiseau

cisne

cygne

javali

sanglier

veado

cerf

alce

élan

barragem

barrage

turbina eólica

éolienne

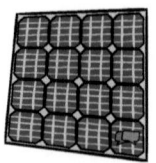

painel solar

panneau solaire

clima

climat

restaurante
restaurant

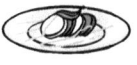

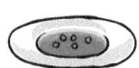

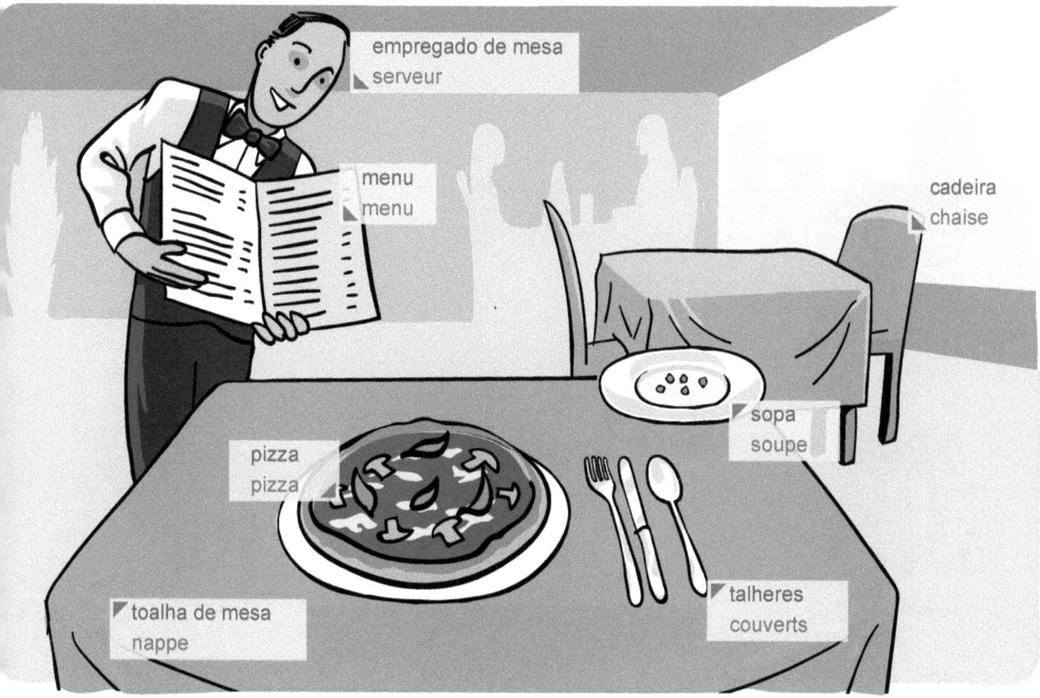

empregado de mesa
serveur
menu
menu
cadeira
chaise
sopa
soupe
pizza
pizza
talheres
couverts
toalha de mesa
nappe

entrada

hors d'œuvre

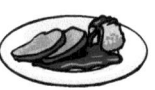

prato principal

plat principal

sobremesa

dessert

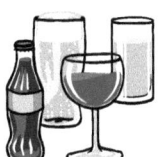

bebidas

boissons

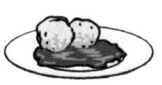

comida

alimentation

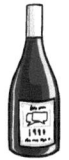

garrafa

bouteille

fast food

fast-food

comida de rua

plats à emporter

bule de chá

théière

açucareiro

sucrier

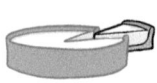

porção

portion

máquina de café expresso

machine à expresso

cadeira alta

chaise haute

conta

facture

bandeja

plateau

faca

couteau

garfo

fourchette

colher

cuillère

colher de chá

cuillère à thé

guardanapo

serviette

copo

verre

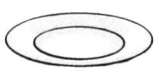

prato
assiette

prato de sopa
assiette à soupe

pires
soucoupe

molho
sauce

saleiro
salière

moinho de pimenta
moulin à poivre

vinagre
vinaigre

óleo
huile

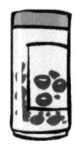

especiarias
épices

ketchup
ketchup

mostarda
moutarde

maionese
mayonnaise

supermercado
supermarché

oferta especial
offre promotionnelle
FOR
cliente
client
laticínios
produits laitiers
fruta
fruits
carrinho de compras
chariot

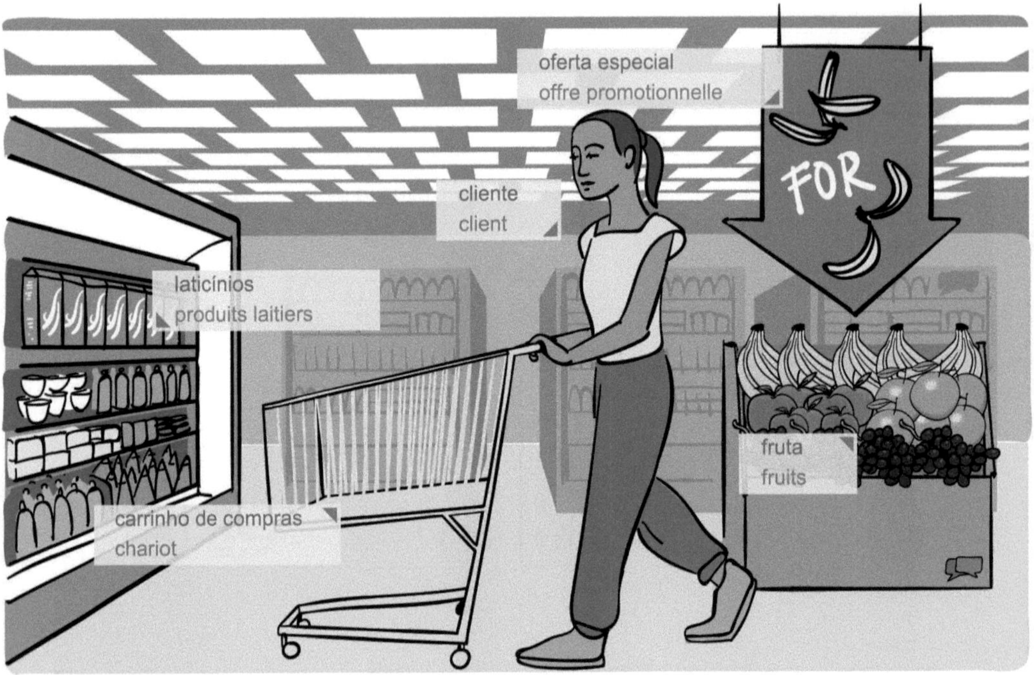

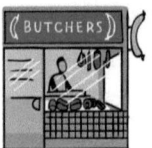

BUTCHERS

talho

boucherie

BAKERY

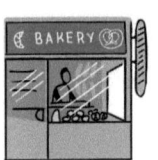

padaria

boulangerie

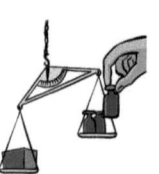

pesar

peser

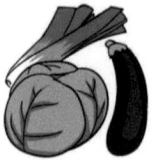

vegetais

légumes

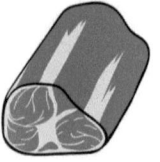

carne

viande

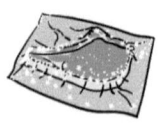

alimentos congelados

aliments surgelés

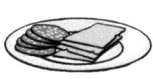

charcutaria

charcuterie

comida enlatada

conserves

detergente em pó

poudre à lessive

doces

bonbons

artigos domésticos

articles ménagers

produtos de limpeza

détergents

vendedora

vendeuse

caixa

caisse

caixa

caissier

lista de compras

liste d'achats

horário de funcionamento

heures d'ouverture

carteira

portefeuille

cartão de crédito

carte de crédit

saco

sac

saco de plástico

sac en plastique

água

eau

sumo

jus de fruit

leite

lait

coca-cola

coca

vinho

vin

cerveja

bière

álcool

alcool

cacau

chocolat chaud

chá

thé

café

café

café expresso

expresso

capuccino

cappuccino

banana

banane

maçã

pomme

laranja

orange

melão

melon

limão

citron

cenoura

carotte

alho

ail

bambu

bambou

cebola

oignon

cogumelo

champignon

nozes

noisettes

talharim

pâtes

esparguete

spaghetti

arroz

riz

salada

salade

batatas fritas

pommes frites

batatas fritas

pommes de terre rôties

pizza

pizza

hambúrguer

hamburger

sanduíche

sandwich

bife panado

escalope

fiambre

jambon

salame

salami

salsicha

saucisse

galinha

poulet

assado

rôti

peixe

poisson

flocos de aveia

flocons d'avoine

muesli

muesli

flocos de milho

cornflakes

farinha

farine

croissant

croissant

carcaça (pãozinho)

petits-pains

pão

pain

torrada

pain grillé

biscoitos

biscuits

manteiga

beurre

requeijão

le fromage blanc

bolo

gâteau

ovo

œuf

ovo estrelado

œuf au plat

queijo

fromage

comida - alimentation

gelado
....
glace

açúcar
....
sucre

mel
....
miel

compota
....
confiture

creme de nougat
....
crème nougat

caril
....
curry

quinta
ferme

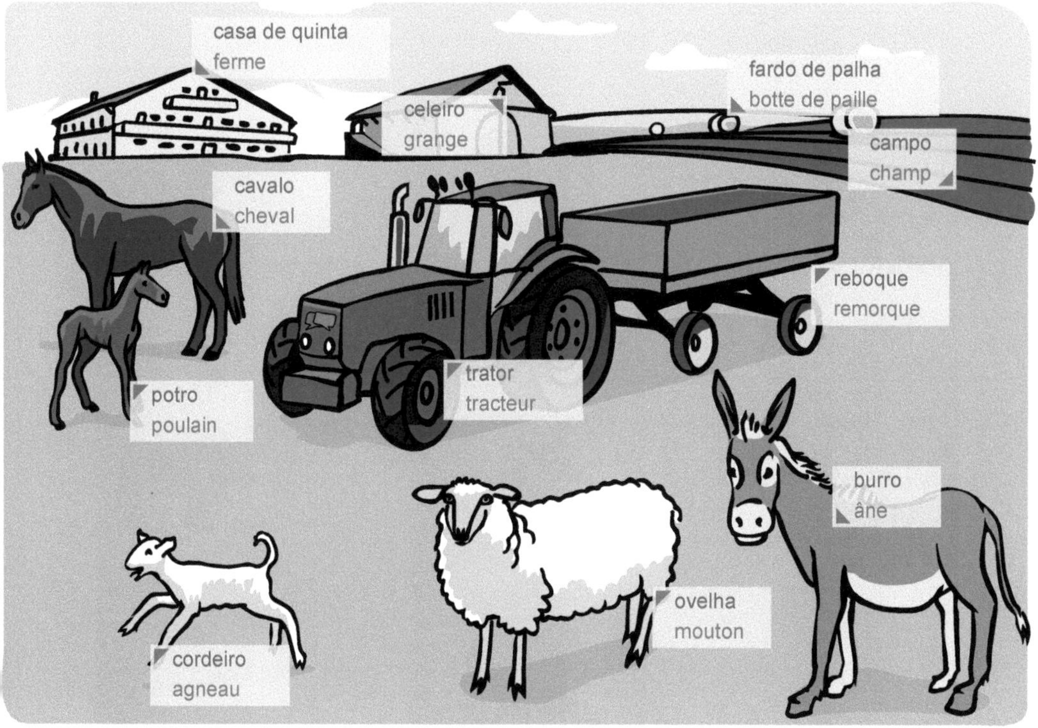

casa de quinta
ferme
celeiro
grange
fardo de palha
botte de paille
campo
champ
cavalo
cheval
reboque
remorque
trator
tracteur
potro
poulain
burro
âne
ovelha
mouton
cordeiro
agneau

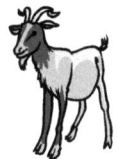

cabra

chèvre

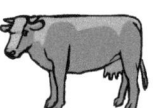

vaca

vache

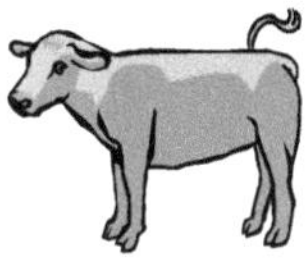

bezerro

veau

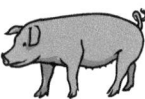

porco

porc

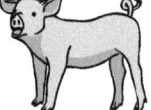

leitão

porcelet

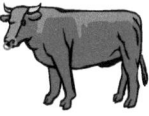

touro

taureau

ganso

oie

pato

canard

pintaínho

poussin

galinha

poule

galo

coq

ratazana

rat

gato

chat

rato

souris

boi

bœuf

cão

chien

casota

chenil

mangueira de jardim

tuyau de jardin

regador

arrosoir

foice

faucheuse

arado

charrue

foice
faucille

enxada
pioche

forquilha
fourche

machado
hache

carrinho de mão
brouette

manjedoura
cuve

jarro de leite
pot à lait

saco
sac

cerca
clôture

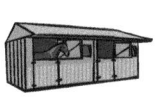

estábulo
étable

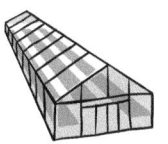

estufa
serre

solo
sol

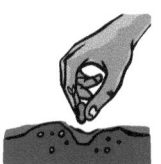

semente
semences

fertilizante
engrais

ceifeira-debulhadora
moissonneuse-batteuse

colher

récolter

colheita

récolte

inhame

igname

trigo

blé

soja

soja

batata

pomme de terre

milho

maïs

colza

colza

árvore de fruto

arbre fruitier

mandioca

manioc

cereais

céréales

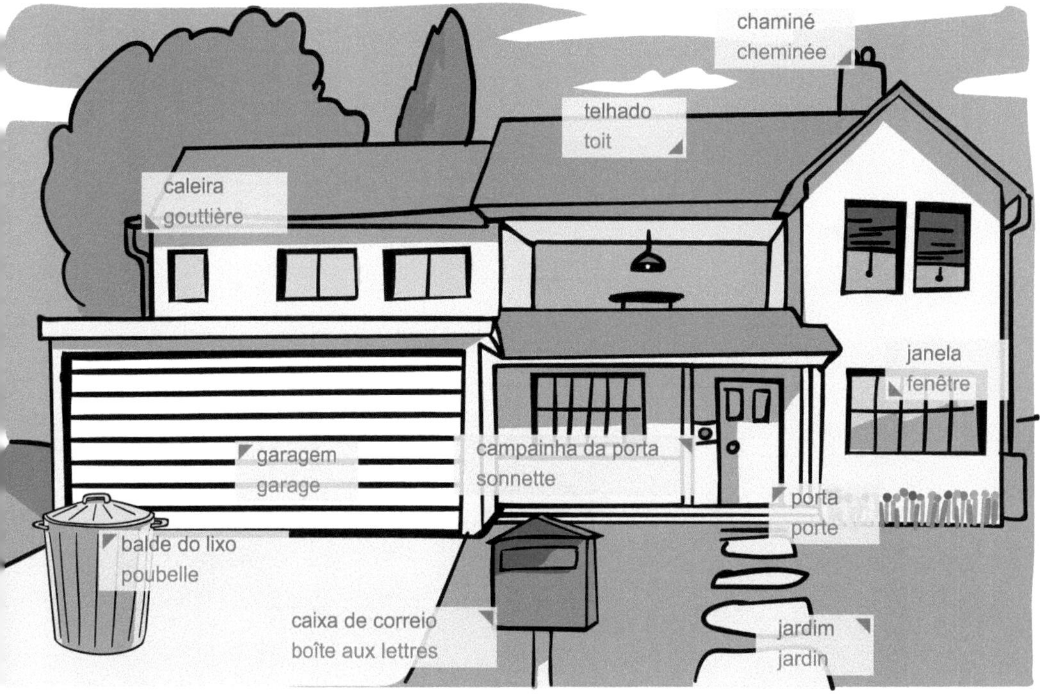

chaminé
cheminée

telhado
toit

caleira
gouttière

janela
fenêtre

garagem
garage

campainha da porta
sonnette

porta
porte

balde do lixo
poubelle

caixa de correio
boîte aux lettres

jardim
jardin

sala de estar
salon

casa de banho
salle de bain

cozinha
cuisine

quarto de dormir
chambre à coucher

quarto de criança
chambre d'enfant

sala de jantar
salle à manger

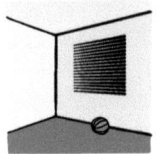

chão
sol

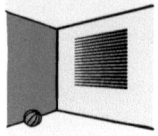

parede
mur

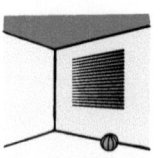

teto
plafond

cave
cave

sauna
sauna

varanda
balcon

terraço
terrasse

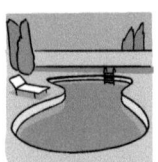

piscina
piscine

máquina de cortar relvado
tondeuse à gazon

lençol
housse

cobertor
couette

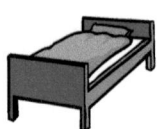

cama
lit

vassoura
balai

balde
sceau

interruptor
interrupteur

sala de estar
salon

papel de parede
papier peint
imagem
image
lâmpada
lampe
prateleira
étagère
armário
armoire
televisão
télé
lareira
cheminée
flor
fleur
almofada
coussin
sofá
sofa
vaso
vase
controlo remoto
télécommande

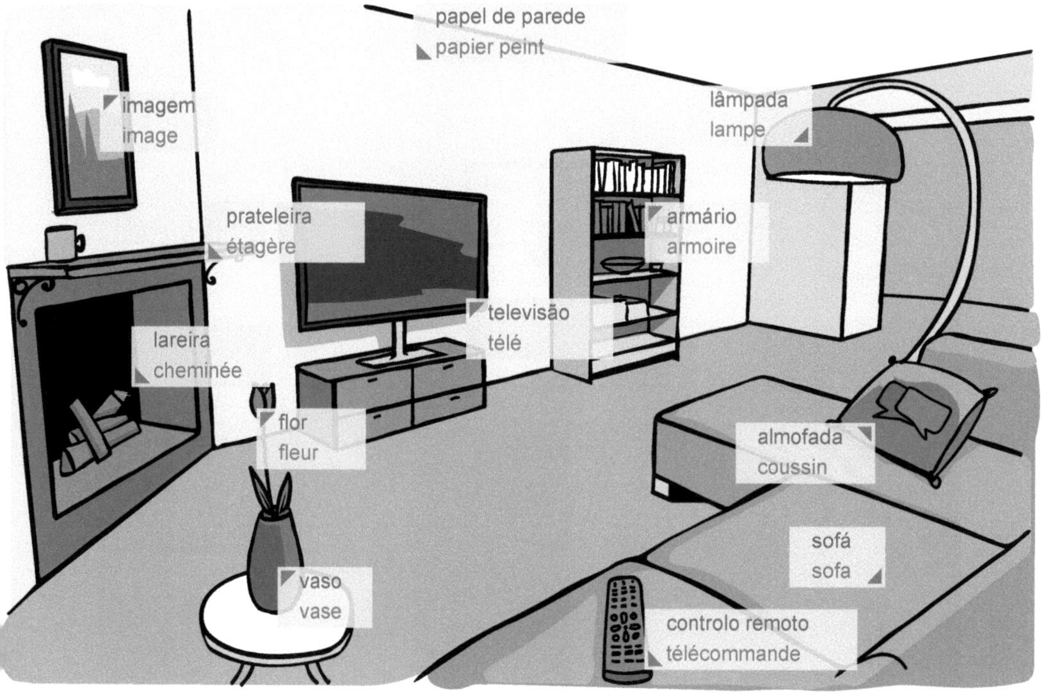

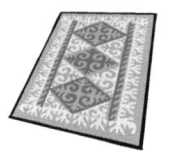

tapete
tapis

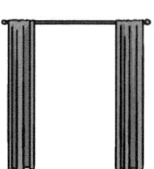

cortina
rideau

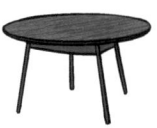

mesa
table

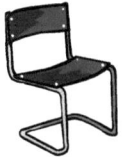

cadeira
chaise

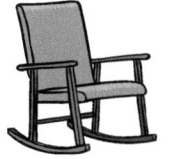

cadeira de baloiço
chaise à bascule

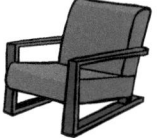

poltrona
fauteuil

livro

livre

cobertor

couverture

decoração

décoration

lenha

bois de chauffage

filme

film

sistema estéreo

chaîne hi-fi

chave

clé

jornal

journal

pintura

peinture

póster

poster

rádio

radio

bloco de notas

bloc-notes

aspirador

aspirateur

cato

cactus

vela

bougie

cozinha
cuisine

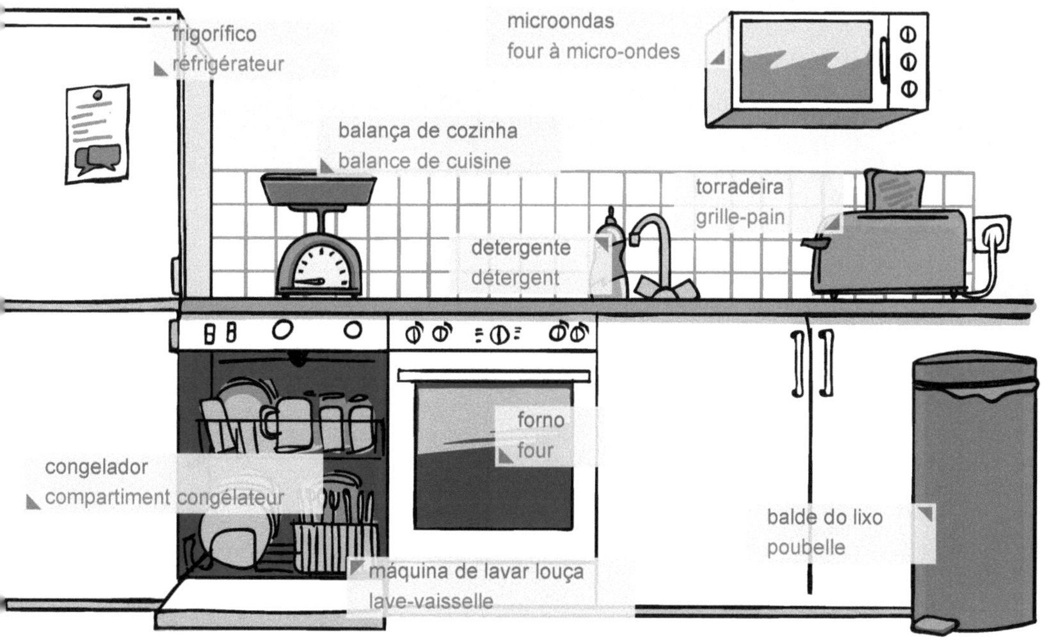
frigorífico
réfrigérateur
microondas
four à micro-ondes
balança de cozinha
balance de cuisine
torradeira
grille-pain
detergente
détergent
forno
four
congelador
compartiment congélateur
balde do lixo
poubelle
máquina de lavar louça
lave-vaisselle

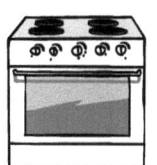

fogão
four

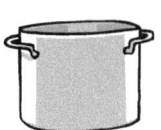

panela
casserole

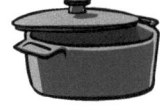

panela de ferro
marmite

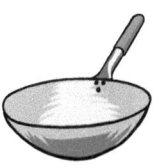

wok / kadai
wok / kadai

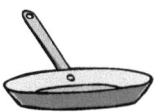

frigideira
poêle

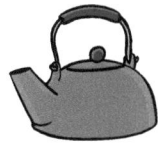

chaleira
bouilloire electrique

panela a vapor

cuiseur vapeur

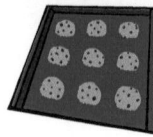

tabuleiro de forno

plaque de cuisson

louça

vaisselle

caneca

gobelet

tigela

coupe

pauzinhos

baguettes

concha de sopa

louche

espátula

spatule

batedor de claras

fouet

escorredor

passoire

peneira

tamis

ralador

râpe

almofariz

mortier

churrasqueira

barbecue

lareira

cheminée

tábua de cortar

planche à découper

rolo da massa

rouleau à pâtisserie

saca-rolhas

tire-bouchon

lata

boîte

abridor de latas

ouvre-boîte

luvas de forno

maniques

lava-loiça

lavabo

escova

brosse

esponja

éponge

liquidificador

mixeur

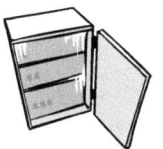

arca frigorífica

congélateur

biberão

biberon

torneira

robinet

casa de banho
salle de bain

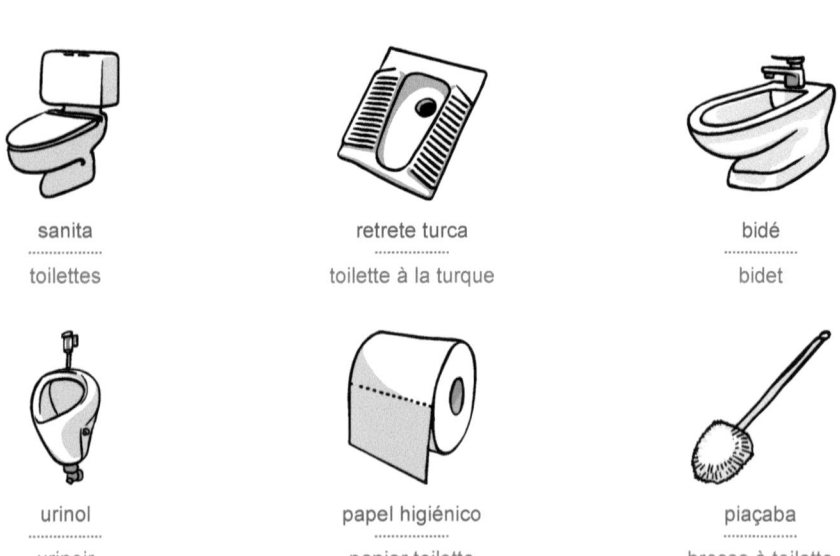

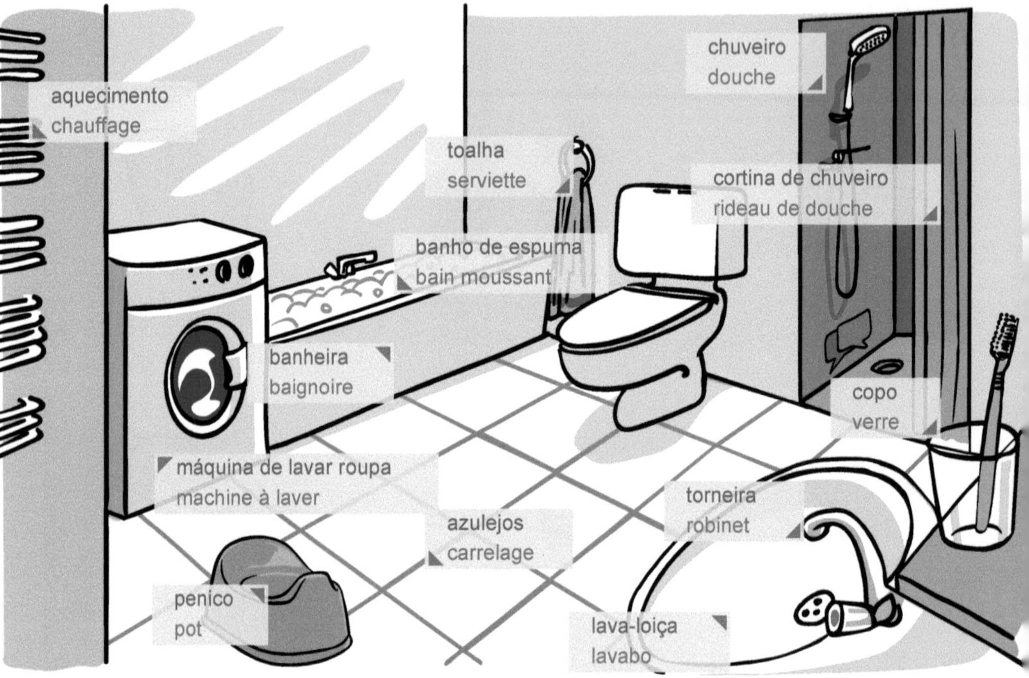
aquecimento
chauffage
toalha
serviette
chuveiro
douche
cortina de chuveiro
rideau de douche
banho de espuma
bain moussant
banheira
baignoire
copo
verre
máquina de lavar roupa
machine à laver
torneira
robinet
azulejos
carrelage
penico
pot
lava-loiça
lavabo

sanita
toilettes

retrete turca
toilette à la turque

bidé
bidet

urinol
urinoir

papel higiénico
papier toilette

piaçaba
brosse à toilette

escova de dentes

brosse à dents

pasta de dentes

dentifrice

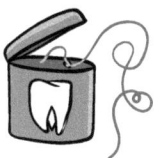

fio dentário

fil dentaire

lavar

laver

chuveiro de mão

douche manuelle

duche íntimo

douche intime

bacia

vasque

escova para as costas

brosse dorsale

sabonete

savon

gel de banho

gel douche

champô

shampooing

toalha de rosto

gant de toilette

escoamento

écoulement

creme

crème

desodorizante

déodorant

espelho

miroir

espelho de mão

miroir cosmétique

máquina de barbear

rasoir

creme de barbear

mousse à raser

loção pós-barba

après-rasage

pente

peigne

escova

brosse

secador de cabelo

sèche-cheveux

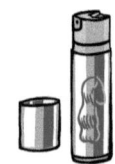

spray de cabelo

laque pour cheveux

maquilhagem

fond de teint

batom

rouge à lèvres

verniz de unhas

vernis à ongles

algodão

ouate

tesoura para unhas

coupe-ongles

perfume

parfum

nécessaire
trousse de toilette

tamborete
tabouret

balança
pèse-personne

roupão de banho
peignoir

luvas de borracha
gants de nettoyage

tampão
tampon

penso higiénico
serviettes hygiéniques

WC químico
toilette chimique

quarto de criança
chambre d'enfant

despertador
réveil
peluche
doudou
carro de brincar
voiture jouet
chocalho
hochet
casa de bonecas
maison de poupée
presente
cadeau

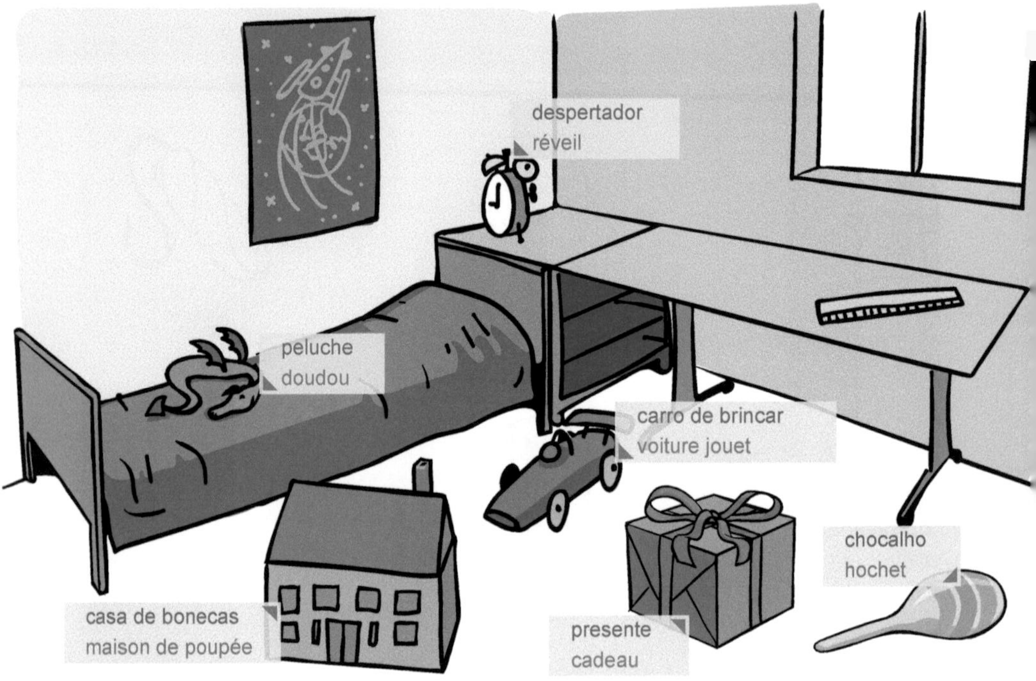

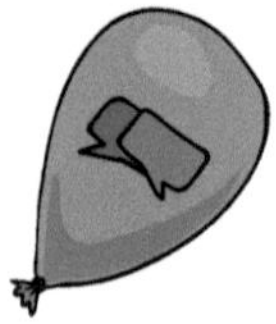

balão
ballon

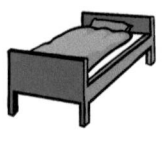

cama
lit

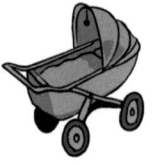

carrinho de bebé
poussette

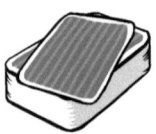

jogo de cartas
jeu de cartes

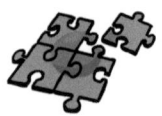

quebra-cabeças
puzzle

banda desenhada
bande dessinée

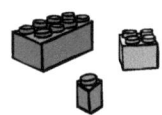

peças de Lego

pièces lego

blocos de construção

blocs de construction

figura de ação

figurine

fato de bebé

grenouillère

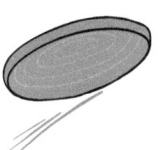

Frisbee

frisbee

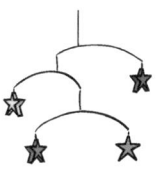

móbile para bebé

mobile

jogo de tabuleiro

jeu de société

dados

dé

pista de comboio elétrico

train miniature

chupeta

sucette

festa

fête

livro ilustrado

livre d'images

bola

balle

boneca

poupée

jogar

jouer

caixa de areia

bac à sable

baloiço

balançoire

brinquedos

jouets

consola de jogos

console de jeu

triciclo

tricycle

ursinho de peluche

ours en peluche

guarda-roupa

armoire

vestuário

vêtements

meias

chaussettes

meias pelo joelho

bas

meias-calças

collant

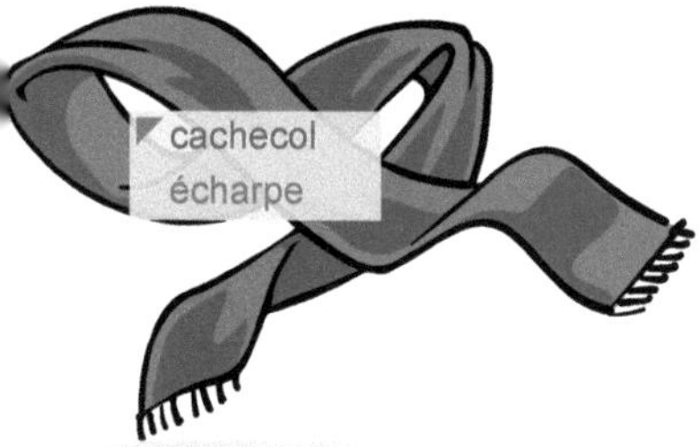

cachecol
écharpe

cinto
ceinture

guarda-chuva
parapluie

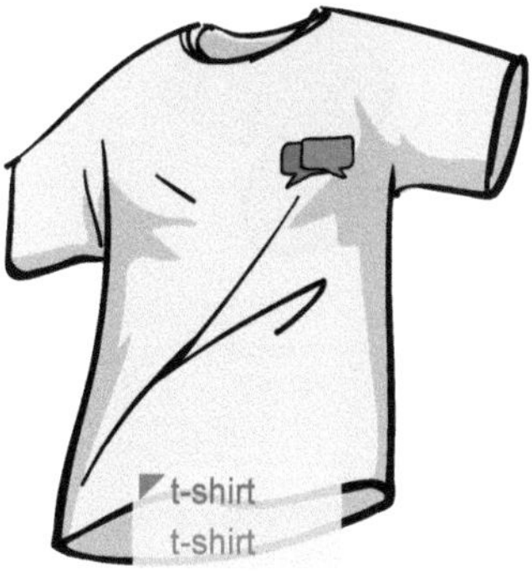

t-shirt
t-shirt

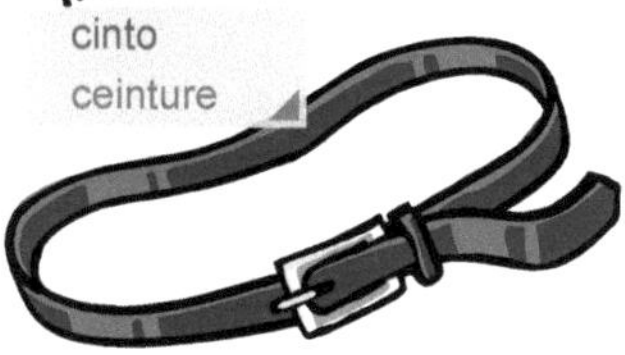

sapatilhas
baskets

botas
bottes

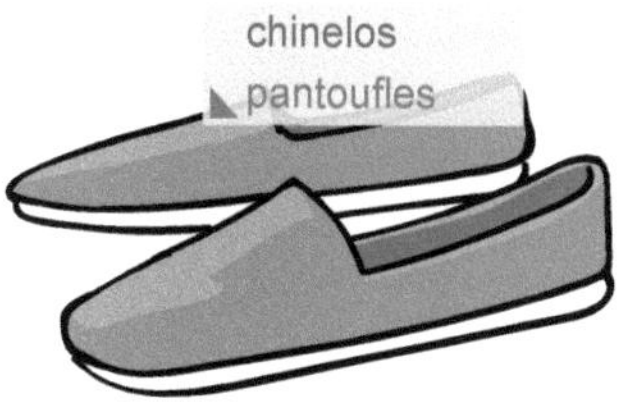

chinelos
pantoufles

sandálias
sandales

sapatos
chaussures

botas de borracha
bottes de caoutchouc

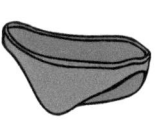

cuecas
sous-vêtements

sutiã
soutien-gorge

camisola interior
maillot de corps

body
body

calças
pantalon

calças de ganga
jean

saia
jupe

blusa
chemisier

camisa
chemise

pulôver
pull

camisola com capuz
sweat à capuche

blazer
veste

casaco
veste

manto
manteau

gabardina
imperméable

traje
costume

vestido
robe

vestido de casamento
robe de mariée

fato
costume

camisa de dormir
chemise de nuit

pijama
pyjama

sari
sari

lenço de cabeça
foulard

turbante
turban

burca
burqa

cafetã
caftan

abaya
abaya

fato de banho
maillot de bain

calções de banho
maillot de bain

calções
short

fato de treino
tenue d'entraînement

avental
tablier

luvas
gants

botão
bouton

óculos
lunettes

pulseira
bracelet

colar
collier

anel
bague

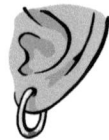

brinco
boucle d'oreille

boné
bonnet

cabide
cintre

chapéu
chapeau

gravata
cravate

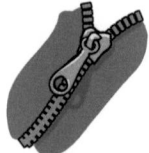

fecho de correr
fermeture éclair

capacete
casque

suspensórios
bretelles

uniforme escolar
uniforme scolaire

uniforme
uniforme

babete
bavoir

chupeta
sucette

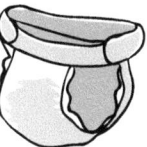
fralda
lange

escritório
bureau

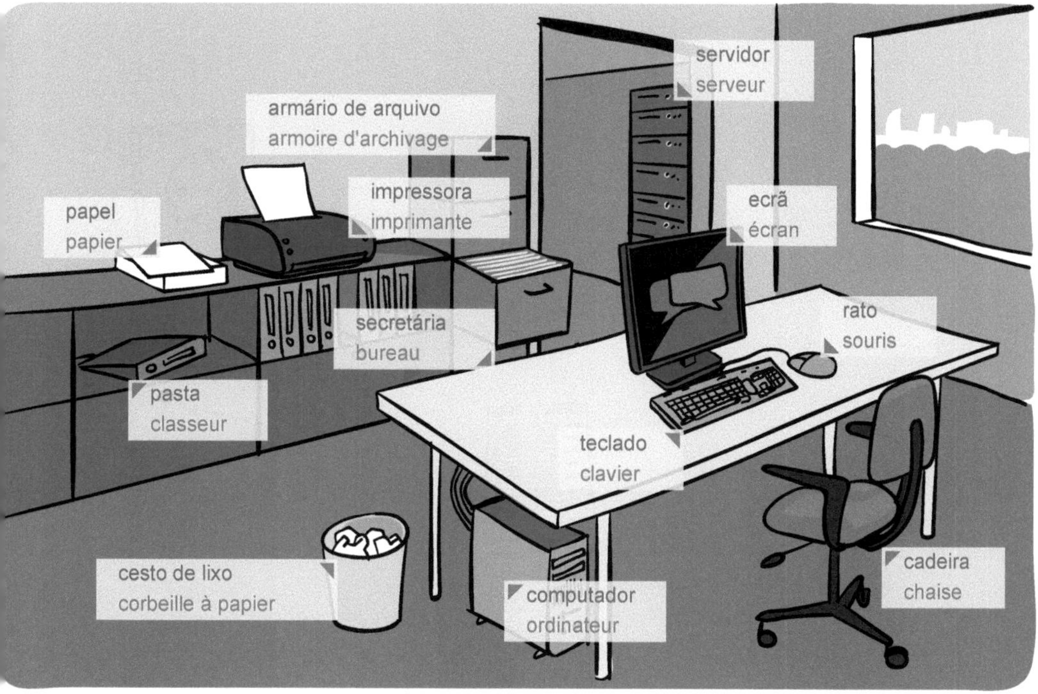

servidor
serveur

armário de arquivo
armoire d'archivage

impressora
imprimante

ecrã
écran

papel
papier

secretária
bureau

rato
souris

pasta
classeur

teclado
clavier

cesto de lixo
corbeille à papier

computador
ordinateur

cadeira
chaise

caneca de café
tasse de café

calculadora
calculatrice

internet
internet

escritório - bureau

49

computador portátil
ordinateur portable

carta
lettre

mensagem
message

telemóvel
portable

rede
réseau

fotocopiadora
photocopieuse

software
logiciel

telefone
téléphone

tomada elétrica
prise

fax
fax

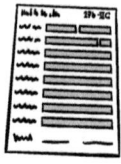

formulário
formulaire

documento
document

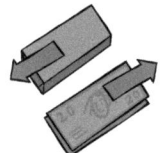

comprar

acheter

pagar

payer

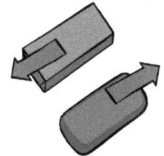

negociar

faire du commerce

dinheiro

monnaie

 USD

dólar

dollar

 EUR

euro

euro

 JPY

yen

yen

 RUB

rublo

rouble

 CHF

franco suíço

franc suisse

 CNY

renminbi yuan

renminbi yuan

 INR

rupia

roupie

caixa de multibanco

distributeur automatique

casa de câmbio

bureau de change

ouro

or

prata

argent

petróleo

pétrole

energia

énergie

preço

prix

contrato

contrat

imposto

taxe

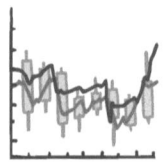

ação

action

trabalhar

travailler

empregado

employé

entidade patronal

employeur

fábrica

usine

loja

magasin

agente da polícia
agent de police

bombeiro
pompier

cozinheiro
cuisinier

médico
médecin

piloto
pilote

jardineiro
jardinier

carpinteiro
menuisier

costureira
couturière

juiz
juge

químico
chimiste

ator
acteur

motorista de autocarro

conducteur de bus

motorista de táxi

chauffeur de taxi

pescador

pêcheur

empregada de limpeza

femme de ménage

telhador

couvreur

empregado de mesa

serveur

caçador

chasseur

pintor

peintre

padeiro

boulanger

eletricista

électricien

construtor

ouvrier

engenheiro

ingénieur

talhante

boucher

canalizador

plombier

carteiro

facteur

soldado

soldat

arquiteto

architecte

caixa

caissier

florista

fleuriste

cabeleireiro

coiffeur

controlador de bilhetes

contrôleur

mecânico

mécanicien

capitão

capitaine

dentista

dentiste

cientista

scientifique

rabino

rabbin

imã

imam

monge

moine

pastor

prêtre

ferramentas
outils

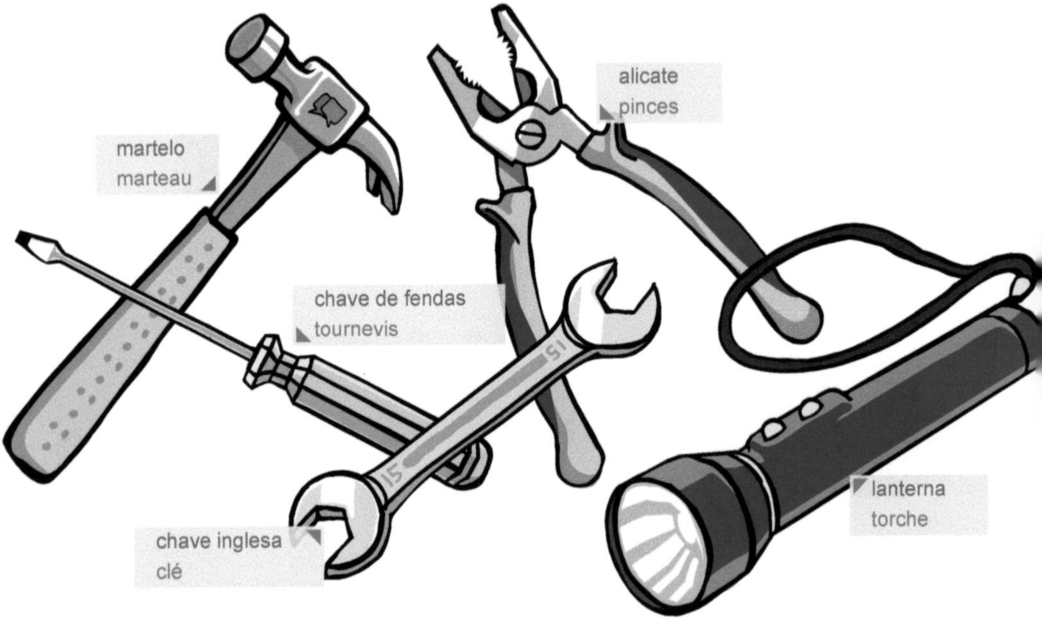

martelo
marteau
alicate
pinces
chave de fendas
tournevis
chave inglesa
clé
lanterna
torche

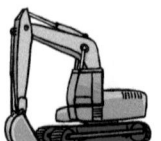

escavadora
pelleteuse

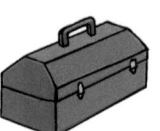

caixa de ferramentas
boîte à outils

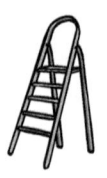

escadote
échelle

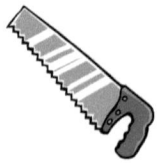

serra
scie

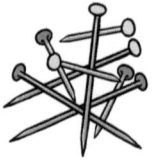

pregos
clous

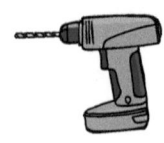

broca
perceuse

reparar
réparer

pá
pelle

porcaria!
Mince !

pá de lixo
pelle

pote de tinta
pot de peinture

parafusos
vis

instrumentos musicais
instruments de musique

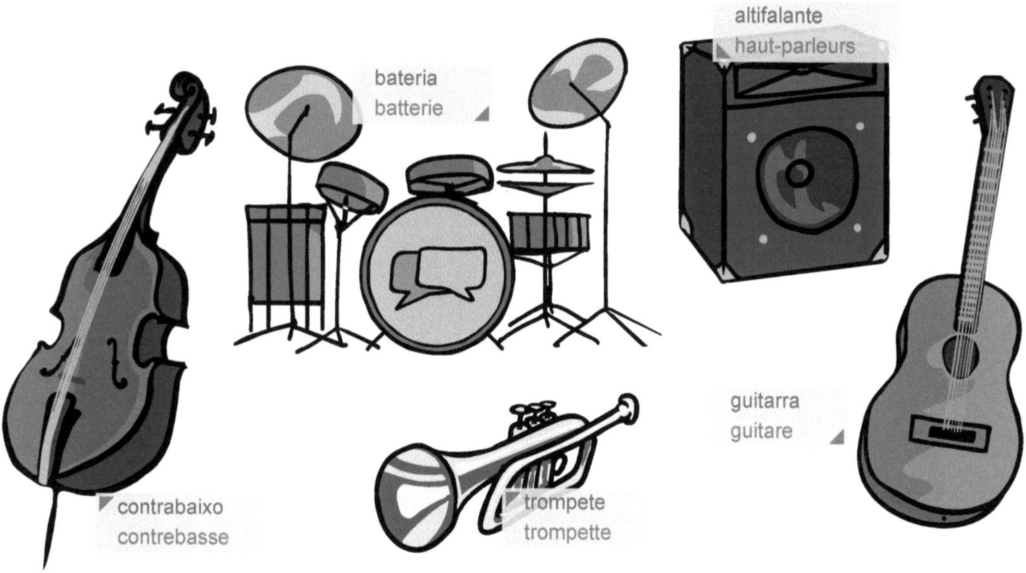

altifalante
haut-parleurs

bateria
batterie

guitarra
guitare

contrabaixo
contrebasse

trompete
trompette

piano

piano

violino

violon

baixo

basse

timbales

timbales

tambor

tambour

teclado

piano électrique

saxofone

saxophone

flauta

flûte

microfone

microphone

jardim zoológico

zoo

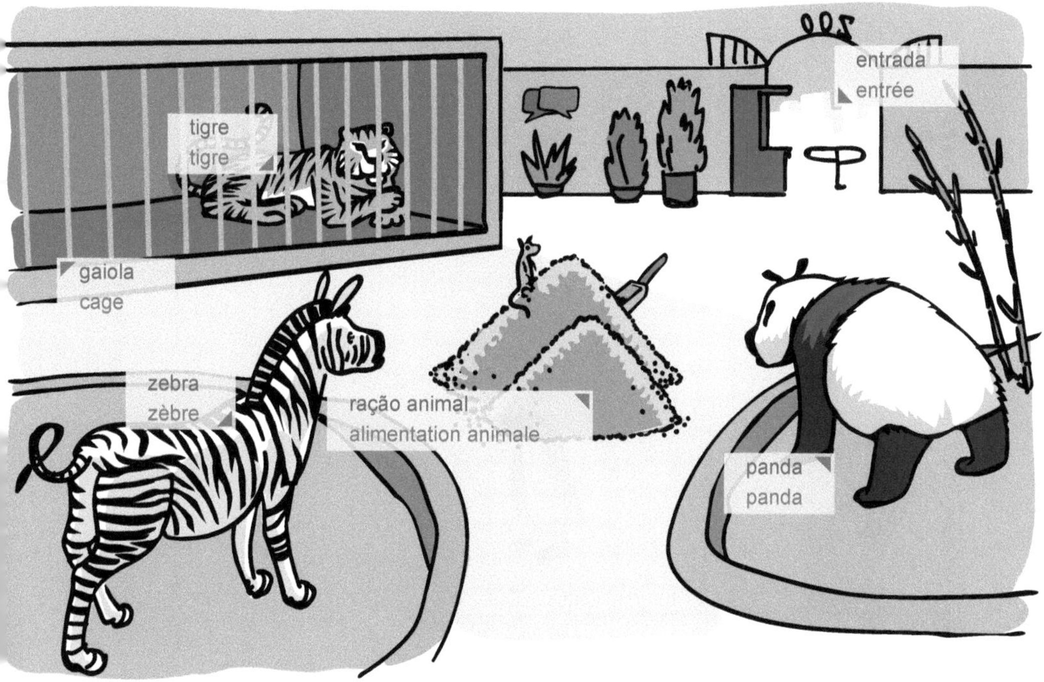
zoo
entrada
entrée
tigre
tigre
gaiola
cage
zebra
zèbre
ração animal
alimentation animale
panda
panda

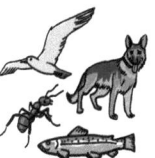

animais
animaux

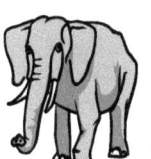

elefante
éléphant

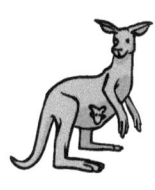

canguru
kangourou

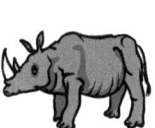

rinoceronte
rhinocéros

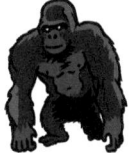

gorila
gorille

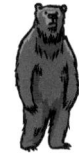

urso
ours

camelo

chameau

avestruz

autruche

leão

lion

macaco

singe

flamingo

flamand rose

papagaio

perroquet

urso polar

ours polaire

pinguim

pingouin

tubarão

requin

pavão

paon

cobra

serpent

crocodilo

crocodile

guarda do jardim zoológico

gardien de zoo

foca

phoque

jaguar

jaguar

pónei
·················
poney

leopardo
·················
léopard

hipopótamo
·················
hippopotame

girafa
·················
girafe

águia
·················
aigle

javali
·················
sanglier

peixe
·················
poisson

tartaruga
·················
tortue

morsa
·················
morse

raposa
·················
renard

gazela
·················
gazelle

futebol americano
american Football

ciclismo
cyclisme

ténis
tennis

basquetebol
basket-ball

natação
natation

boxe
boxe

hóquei no gelo
hockey sur glace

futebol
football

badminton
badminton

atletismo
athlétisme

andebol
handball

esqui
ski

polo
polo

atividades
activités

saltar
sauter
abraçar
embrasser
rir
rire
andar
marcher
cantar
chanter
sonhar
rêver
rezar
prier
beijar
faire la bise

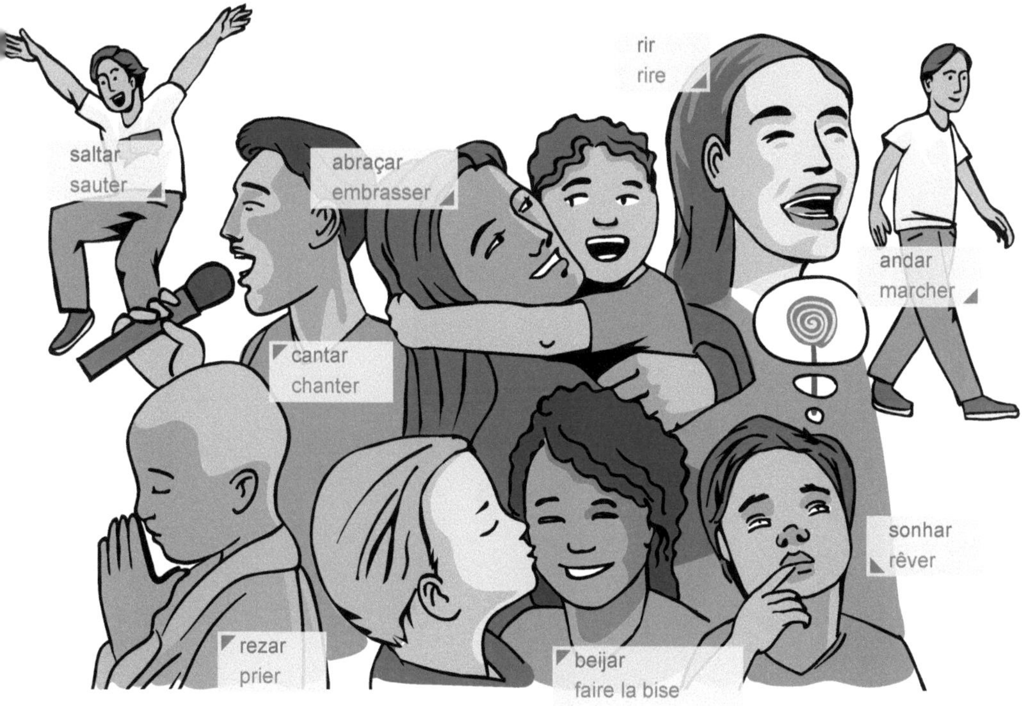

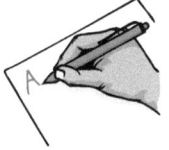

escrever

écrire

desenhar

dessiner

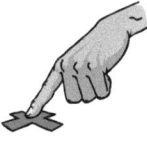

mostrar

montrer

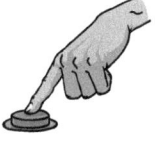

empurrar

pousser

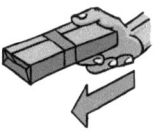

dar

donner

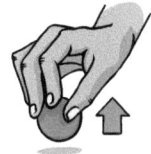

tomar

prendre

ter
....
avoir

fazer
....
faire

ser
....
être

ficar de pé
....
être debout

correr
....
courir

puxar
....
trier

remessar
....
jeter

cair
....
tomber

deitar
....
être couché

esperar
....
attendre

carregar
....
porter

sentar
....
être assis

vestir
....
s'habiller

dormir
....
dormir

acordar
....
se réveiller

olhar para

regarder

chorar

pleurer

acariciar

caresser

pentear

peigner

falar

parler

compreender

comprendre

perguntar

demander

ouvir

écouter

beber

boire

comer

manger

arrumar

ranger

amar

aimer

cozinhar

cuire

conduzir

conduire

voar

voler

velejar

faire de la voile

calcular

calculer

ler

lire

aprender

apprendre

trabalhar

travailler

casar

se marier

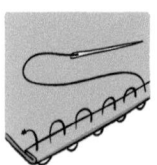

costurar

coudre

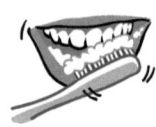

escovar os dentes

brosser les dents

matar

tuer

fumar

fumer

enviar

envoyer

avó
grand-mère

avô
grand-père

pai
père

mãe
mère

bebé
bébé

filha
fille

filho
fils

convidado
hôte

tia
tante

tio
oncle

irmão
frère

irmã
sœur

corpo

corps

testa
front
olho
œil
ombro
épaule
dedo
doigt
cara
visage
queixo
menton
mão
main
peito
poitrine
perna
jambe
braço
bras

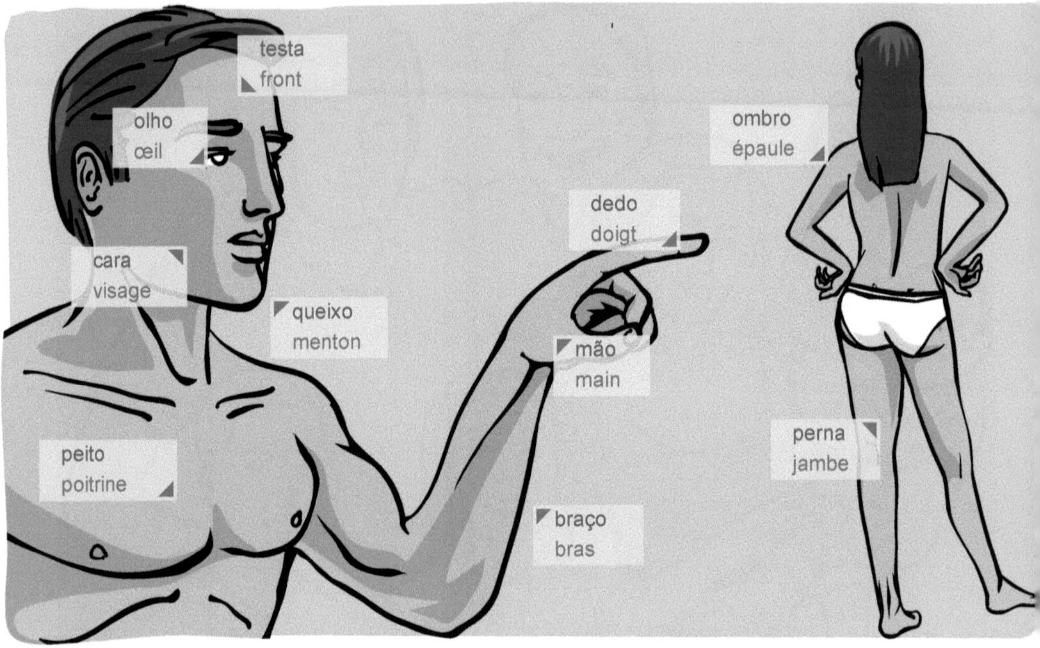

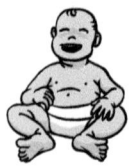

bebé

bébé

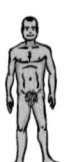

homem

homme

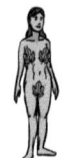

mulher

femme

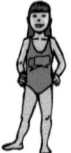

menina

fille

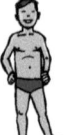

menino

garçon

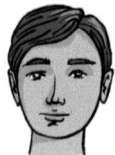

cabeça

tête

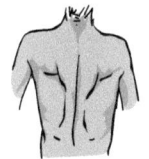

costas

dos

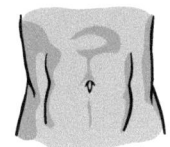

barriga

ventre

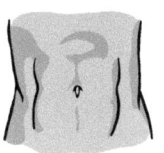

umbigo

nombril

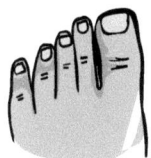

dedo do pé

orteil

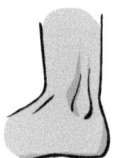

calcanhar

talon

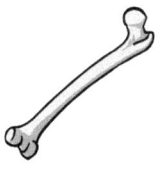

osso

os

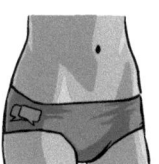

anca

hanche

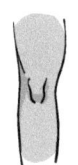

joelho

genou

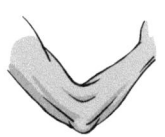

cotovelo

coude

nariz

nez

nádegas

fesses

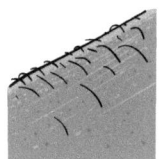

pele

peau

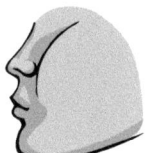

bochecha

joue

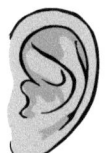

orelha

oreille

lábio

lèvre

boca

bouche

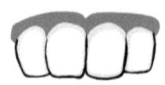

dente

dent

língua

langue

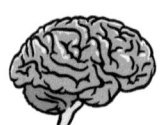

cérebro

cerveau

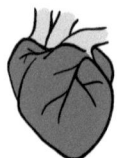

coração

cœur

músculo

muscle

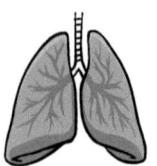

pulmão

poumons

fígado

foie

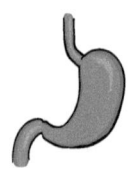

estômago

estomac

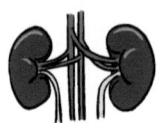

rins

reins

relações sexuais

rapport sexuel

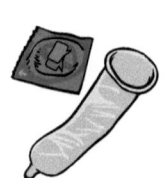

preservativo

préservatif

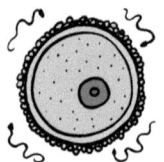

óvulo

ovule

esperma

sperme

gravidez

grossesse

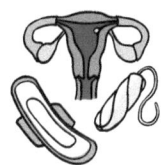

menstruação

menstruation

vagina

vagin

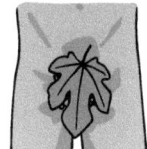

pénis

pénis

sobrancelha

sourcil

cabelo

cheveux

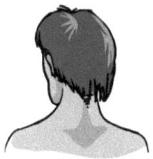

pescoço

cou

hospital
hôpital

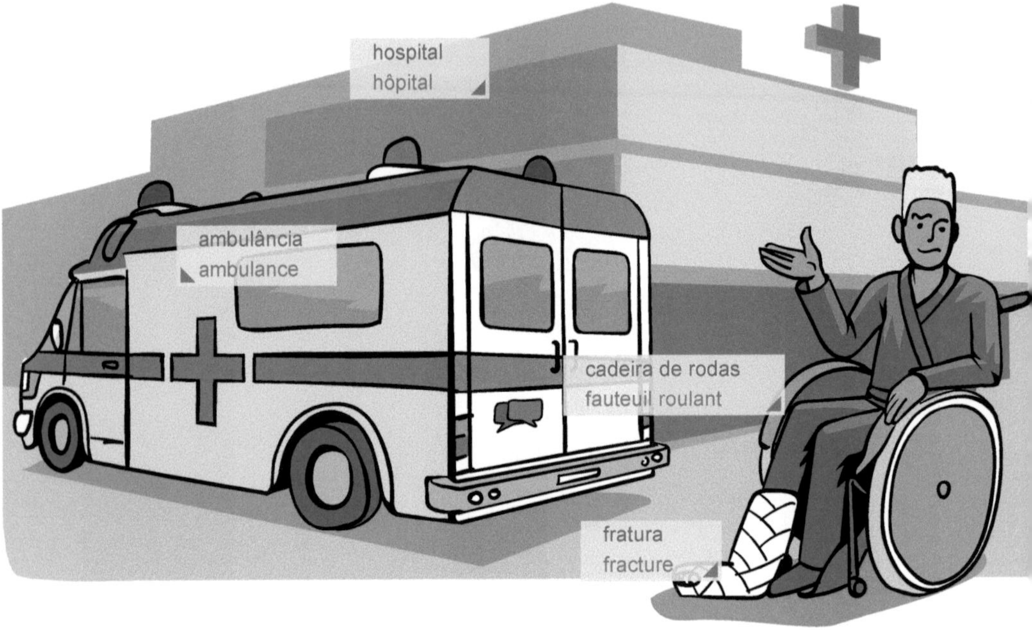

hospital
hôpital
ambulância
ambulance
cadeira de rodas
fauteuil roulant
fratura
fracture

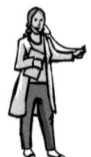

médico
médecin

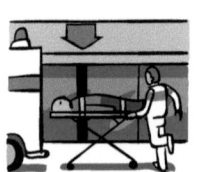

serviço de urgências
service des urgences

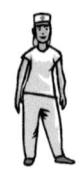

enfermeira
infirmière

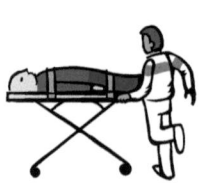

emergência
urgence

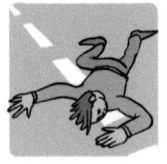

inconsciente
inconscient

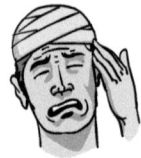

dor
douleur

ferimento

blessure

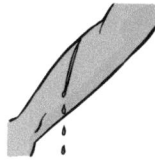

hemorragia

hémorragie

ataque cardíaco

crise cardiaque

acidente vascular cerebral

attaque cérébrale

alergia

allergie

tosse

toux

febre

fièvre

gripe

grippe

diarreia

diarrhée

dor de cabeça

mal de tête

cancro

cancer

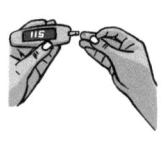

diabetes

diabète

cirurgião

chirurgien

bisturi

scalpel

operação

opération

CT
CT

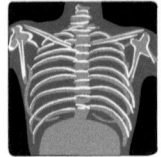

raio x
radiographie

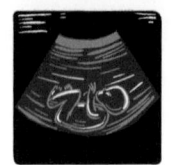

ultrassom
échographie

máscara
masque

doença
maladie

sala de espera
salle d'attente

muleta
béquille

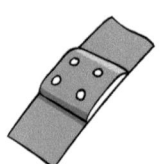

penso rápido
pansement

ligadura
pansement

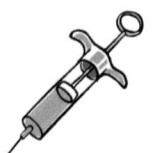

injeção
injection

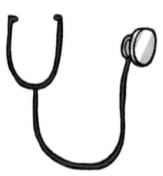

estetoscópio
stéthoscope

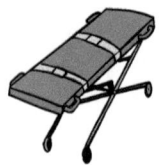

maca
brancard

termómetro
thermomètre

nascimento
accouchement

excesso de peso
surcharge pondérale

hospital - hôpital

aparelho auditivo

appareil auditif

desinfetante

désinfectant

infeção

infection

vírus

virus

HIV / SIDA

VIH / sida

medicamento

médicament

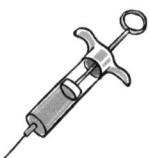

vacinação

vaccination

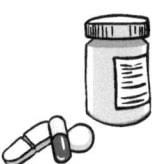

comprimidos

comprimés

pílula

pilule

chamada de emergência

appel d'urgence

dispositivo de medição de
pressão arterial

tensiomètre

doente / saudável

malade / sain

Socorro!

Au secours !

alarme

alarme

assalto

assaut

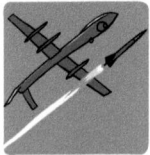

ataque

attaque

perigo

danger

saída de emergência

sortie de secours

Fogo!

Au feu!

extintor de incêndios

extincteur

acidente

accident

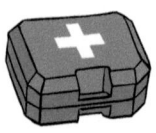

estojo de primeiros socorros

trousse de premier secours

SOS

SOS

polícia

police

Europa

Europe

América do Norte

Amérique du Nord

América do Sul

Amérique du Sud

África

Afrique

Ásia

Asie

Austrália

Australie

Atlântico

Océan atlantique

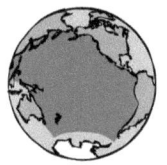

Pacífico

Océan pacifique

Oceano Índico

Océan indien

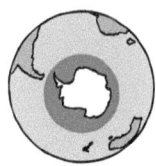

Oceano Antártico

Océan antarctique

Oceano Ártico

Océan arctique

Polo Norte

pôle nord

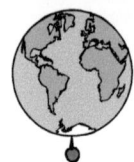

Polo Sul

pôle sud

Antártica

Antarctique

terra

terre

país

pays

mar

mer

ilha

île

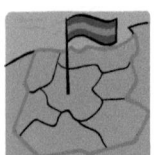

nação

nation

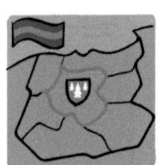

estado

état

mostrador do relógio

cadran

ponteiro das horas

aiguille des heures

ponteiro dos minutos

aiguille des minutes

ponteiro dos segundos

aiguille des secondes

Que horas são?

Quelle heure est-il ?

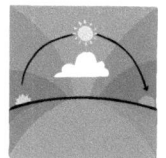

dia

jour

tempo

temps

agora

maintenant

relógio digital

montre digitale

minuto

minute

hora

heure

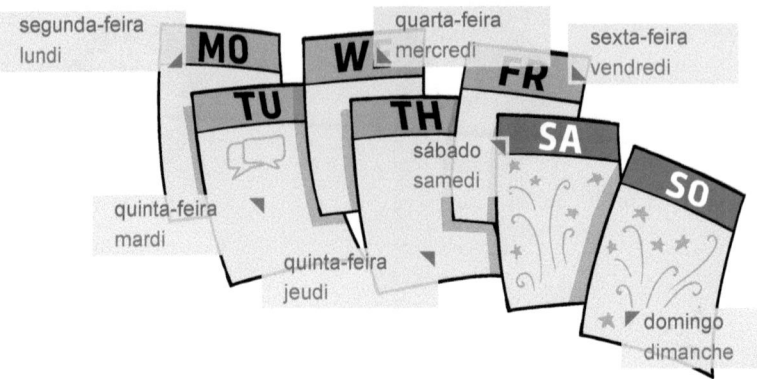

segunda-feira
lundi

quarta-feira
mercredi

sexta-feira
vendredi

sábado
samedi

quinta-feira
mardi

quinta-feira
jeudi

domingo
dimanche

ontem
hier

hoje
aujourd'hui

amanhã
demain

manhã
matin

meio-dia
midi

entardecer
soir

dias úteis
jours ouvrables

fim de semana
week-end

ano
année

chuva
pluie
arco-íris
arc-en-ciel
vento
vent
neve
neige
primavera
printemps
verão
été
outono
automne
inverno
hiver

4.APRIL 11°
5.APRIL 4°
6.APRIL 13°
7.APRIL 8°
8.APRIL 10°

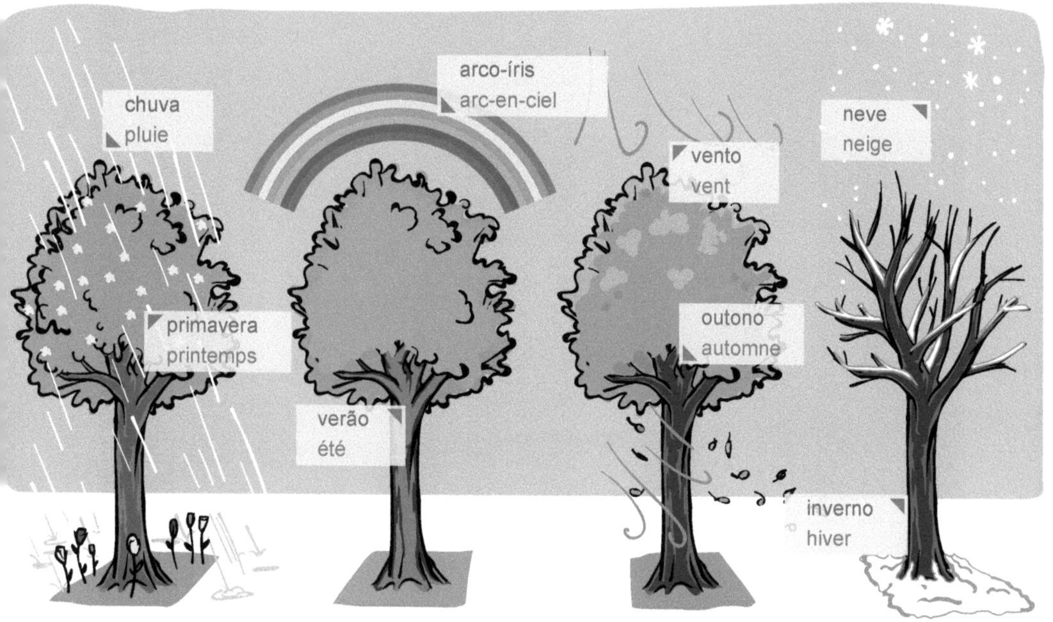

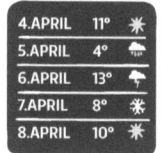

previsão do tempo

météo

F C
120 90 60 30 0 -30
40 30 20 10 0 -10 -20

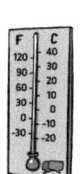

termómetro

thermomètre

raios de sol

lumière du soleil

nuvem

nuage

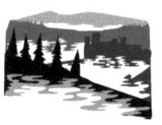

neblina / nevoeiro

brouillard

humidade do ar

humidité

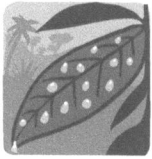

relâmpago

foudre

trovão

tonnerre

tempestade

tempête

granizo

grêle

monção

mousson

inundação

inondation

gelo

glace

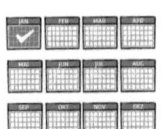

janeiro

janvier

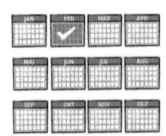

fevereiro

février

março

mars

abril

avril

maio

mai

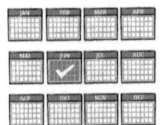

junho

juin

julho

juillet

agosto

août

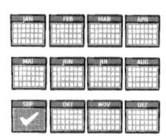

setembro

septembre

outubro

octobre

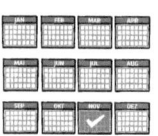

novembro

novembre

dezembro

décembre

formas
formes

círculo

cercle

quadrado

carré

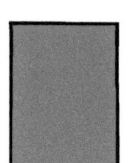

retângulo

rectangle

triângulo

triangle

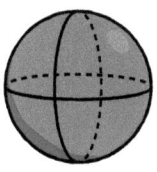

esfera

sphère

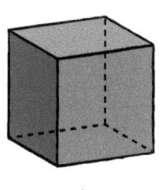

cubo

cube

branco

blanc

amarelo

jaune

laranja

orange

rosa

rose

vermelho

rouge

lilás

violet

azul

bleu

verde

vert

castanho

marron

cinzento

gris

preto

noir

muito / pouco

beaucoup / peu

furioso / calmo

fâché / calme

lindo / feio

joli / laid

princípio / fim

début / fin

grande / pequeno

grand / petit

claro / escuro

clair / obscure

irmão / irmã

frère / soeur

limpo / sujo

propre / sale

completo / incompleto

complet / incomplet

dia / noite

jour / nuit

morto / vivo

mort / vivant

largo / estreito

large / étroit

comestível / não comestível

comestible / incomestible

mau / gentil

méchant / gentil

entusiasmado / entediado

excité / ennuyé

gordo / magro

gros / mince

primeiro / último

premier / dernier

amigo / inimigo

ami / ennemi

cheio / vazio

plein / vide

duro / macio

dur / souple

pesado / leve

lourd / léger

fome / sede

faim / soif

doente / saudável

malade / sain

ilegal / legal

illégal / légal

inteligente / burro

intelligent / stupide

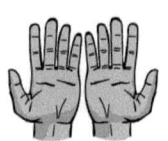

esquerda / direita

gauche / droite

perto / longe

proche / loin

novo / usado
nouveau / usé

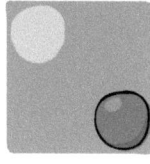

nada / algo
rien / quelque chose

velho / jovem
vieux / jeune

ligado / desligado
marche / arrêt

aberto / fechado
ouvert / fermé

baixo / alto
faible / fort

rico / pobre
riche / pauvre

certo / errado
correct / incorrect

áspero / liso
rugueux / lisse

triste / feliz
triste / heureux

curto / longo
court / long

lento / rápido
lent / rapide

molhado / seco
mouillé / sec

ameno / fresco
chaud / froid

guerra / paz
guerre / paix

0

zero

zéro

1

um

un / une

2

dois

deux

3

três

trois

4

quatro

quatre

5

cinco

cinq

6

seis

six

7

sete

sept

8

oito

huit

9

nove

neuf

10

dez

dix

11

onze

onze

12

doze
....
douze

13

treze
....
treize

14

catorze
....
quatorze

15

quinze
....
quinze

16

dezasseis
....
seize

17

dezassete
....
dix-sept

18

dezoito
....
dix-huit

19

dezanove
....
dix-neuf

20

vinte
....
vingt

100

cem
....
cent

1.000

mil
....
mille

1.000.000

milhão
....
million

inglês

anglais

inglês americano

anglais américain

chinês mandarim

chinois mandarin

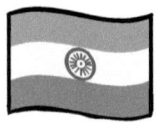

hindi

hindi

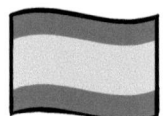

espanhol

espagnol

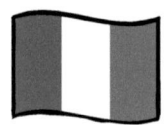

francês

français

árabe

arabe

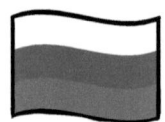

russo

russe

português

portugais

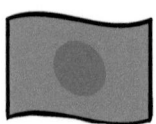

bengalês

bengali

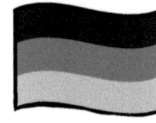

alemão

allemand

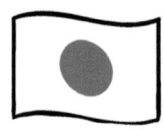

japonês

japonais

eu

je

tu

tu

ele / ela

il / elle / ce, c', cela

nós

nous

vós

vous

eles / elas

ils / elles

quem?

Qui ?

o quê?

Quoi ?

como?

Comment ?

onde?

Où ?

quando?

Quand ?

nome

nom

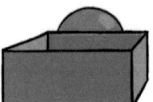

atrás

derrière

em

dans

à frente de

devant

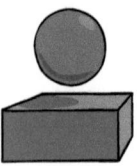

sobre

au-dessus

em cima

sur

debaixo

en-dessous

ao lado

à côté de

entre

entre

lugar

lieu